कुछ बीते एहसास

स्वर्ण लता डोभाल

Copyright © Swarna Lata Dobhal
All Rights Reserved.

This book has been published with all efforts taken to make the material error-free after the consent of the author. However, the author and the publisher do not assume and hereby disclaim any liability to any party for any loss, damage, or disruption caused by errors or omissions, whether such errors or omissions result from negligence, accident, or any other cause.

While every effort has been made to avoid any mistake or omission, this publication is being sold on the condition and understanding that neither the author nor the publishers or printers would be liable in any manner to any person by reason of any mistake or omission in this publication or for any action taken or omitted to be taken or advice rendered or accepted on the basis of this work. For any defect in printing or binding the publishers will be liable only to replace the defective copy by another copy of this work then available.

मेरे जीवन के चंद एहसासों को शब्दों में पिरोने का एक छोटा सा प्रयत्न, मैंने अपनी इस रचना के माध्यम से किया है।अपने इस प्रयास को मैं जीवन के हर एक उस व्यक्ति को समर्पित करती हूँ, जिसने मेरी रचना के लिए मुझे जीवन के ये अविस्मरणीय अनुभव दिए हैं।

क्रम-सूची

1. बसंत ऋतु

देखो -फिर बसंत ऋतु आई
चारों ओर धरा में
ले रही प्रकृति मस्त अँगड़ाई।
देखो फिर बसंत ऋतु आई।
पतझड़ में ठूँठ बने पेडों पर,
नव हरीतिमा छायी।
जैसे शिशिर ऋतु हो करती,
अपनी गलती की भरपाई।।
नयें-नयें किसलय से भर रही
धरती की हर इक डाली,
मानो प्रकृति आदेश दे रही ,
देखो-रह न पाए कोई कोना खाली।।
रंग-बिरंगे फूलों ने धरती का
रूप निखार लिया है,
यह कौन चित्रकार है ! जिसने,
उसका श्रृंगार किया है।।
सर्दी बीती- गर्मी छायी,
लो फिर बैसाखी आयी
बस इस मन के सूनेपन की
प्रकृति भी कर न सकी भरपाई।।
मेरे आँगन की बगिया भी
फूलों से महक रही है,

पर मन की बगिया वियोग में
हर पल दहक रही है।।
बारह मासों की सब ऋतुयें और
सब त्योहार लौट आए,
ईश्वर ऐसे रूठे मुझसे,
तुम्हें न लौटा पाए।।
सारी ऋतुयें सारे मौसम,
संग बहार को लाये
जब सब ही फिर-फिर आए तो तुम
वापस क्यों ना घर को आए।।
ये कैसी बातें करती है तू,
क्यों मन को भरमाये
भूल गयी क्या?-
समय का पहिया, चलता जाए
लौट के वापस
कभी न आये।।
कभी पेड़ पर लौट लगा क्या-
पतझड़ में टूटा पात।
सोच जरा गहराई से
दिल पर रखकर हाथ।।
दो हजार इक्कीस अगर फिर,
वापस जिस दिन आ पाए
तो निश्चित ही मेरा आना
भी मुमकिन हो जाये।।
ठूँठ हो चुके पेड़ सदा
नव पल्लव से सजते हैं।
इसीलिए तो पेड़ पुराने

पत्तों को तजते हैं।।
नए साल में वो ही ऋतुयें
रूप बदल आती हैं।
नई सुबह में बदली कुदरत
नया गीत गाती है।।
मैं भी रूप बदलकर इकदिन,
पास तुम्हारे आऊँगा।
इसी अनंत ब्रह्माण्ड में घूम रहा हूँ,
और कहाँ जाऊँगा।।
होजा शांत, सहज अब तू
मुझको सहेज अपने मन में।
इस तरह अधीर हो-होकर मुझको
मत डाल और मुश्किल में।।
शांत-चित्त होकर यदि अपनी,
यात्रा पूरी कर पाऊँगा।
तभी दुबारा धरती पर
नवजीवन धर पाऊँगा।।

2. दोस्ती

मैंने देखें हैं दोस्ती के कई इंद्रधनुषी रंग

जो चलते हैं , आजीवन हमारे संग-संग।

वो बचपन की निश्छल दोस्ती

जिसमें न लड़का होता ,न लड़की होती,

होती तो सिर्फ और सिर्फ दोस्ती

गाँव की गलियों में बढ़ती

वो अल्हड़ दोस्ती।

बेबुनियाद बातों पर भी,

बेफिक्र ठहाकों वाली दोस्ती।

जिसमें पुलकित होता हमारा अंग-अंग

मैंने देखें हैं दोस्ती के कई इंद्रधनुषी रंग।

फिर उम्र का वह दौर आया

जब अपना घर बना मायका

और मैं हो गयी धन पराया

फिर जीवन साथी का साथ मन भाया

जो दोस्ती का दूसरा हाथ बन आया

अब तक की यादें दिल में संजोये

मैं रंग गयी उन्हीं के रंग

मैंने देखें हैं दोस्ती के कई इंद्रधनुषी रंग।

अब सखियाँ नए रूप में बन आयी,

पति के दोस्तों की पत्नियाँ मन भायी

फिर पति के तबादलों के साथ

सखियाँ भी बदलने लगी,
पर दिल में पुरानी सखियाँ भी
संग-संग चलने लगी।
इस तरह शुरू हो गया
दोस्ती का एक नया ही ढंग
मैंने देखें हैं दोस्ती के कई इंद्रधनुषी रंग।
फिर नई तकनीकी ने
मन को बहुत हर्षाया
जब बचपन में बिछड़े
दोस्तों का फिर साथ पाया
इस तरह जीवन में आयी एक नई उमंग
मैंने देखें हैं दोस्ती के कई इंद्रधनुषी रंग।
फिर समय ने करवट बदली
और खुशियों ने मुझसे मुँह मोड़ा
अचानक ही जीवनसाथी ने
मेरा साथ छोड़ा
मेरी तो दुनिया ही वीरान हो गयी
एक हंसती खेलती काया
जैसे बेजान हो गयी,
इस दुःख से उभरने में
हम सब थे असमर्थ,
तब मेरे अपनों ने निभाया
दोस्ती का सही अर्थ।
मेरी सखियों ने दिन रात
मेरा साथ निभाया,
सब ने अलग-अलग ढंग से
मुझे फिर ज़िन्दगी से मिलाया।

यही होता है दोस्ती का अनोखा रंग
जो चलता है आजीवन हमारे संग
हाँ मैंने देखें हैं
दोस्ती के कई इंद्रधनुषी रंग।।

3. माँ मुझे माफ़ करना

माँ मुझे माफ़ करना,
मैं तेरा कर्ज़ न चुका सका
सेवा निवृत्ति के बाद चाहता था
तेरी सेवा करना
मैं अपना फ़र्ज़ न निभा सका।।
मेरी योजनाएं धरी की धरी रह
गयी
अरमानों की गगरी भरी रह गयी।
सोचा था- तब तुझे रखूँगा
अपने पास,
हर समय रहूंगा तेरे आसपास
मेरी इच्छायें मेरे साथ ही
चली गईं
मै भी छला गया और
तू भी छली गयी।।
आज ईश्वर की लीला
समझ में आ रही है--
तेरी सुध-बुध खोने की दशा
अब मुझे भा रही है।।
ईश्वर ने खेल है ये कैसा दाँव
मै यह किस रूप में पहुँचा हूँ
अपने गाँव।

वही गाँव है, वही पहाड़,
और वही हैं- खेत-खलिहान।
लेकिन मैं ही मैं न रहूँगा-
इसका मुझे न था भान।।
मेरे इस तरह मिटने से
सब हैं- दुखी,बेबस, उदास
सबके दुखों का
मुझे भी है अहसास।
अपने भाई-बहन व परिवार की
ब्यथित नजरें मेरे मन मे
गढ़ गयीं हैं,
सबकी कोशिशें किस कदर
कम पड़ गईं हैं।
पर अब सबको स्वीकारनी
होगी ये सच्चाई,
ईश्वर की इस मर्ज़ी में भी
रही होगी कोई अच्छाई।
नहीं तो मैं शारीरिक और
तुम सब मानसिक दर्द से तड़पते
और अंत में फिर भी हारते-
लड़ते-लड़ते।
अब यही है मेरी अंतिम इच्छा कि,
तुम मुझे यादों में सहेजो
और मेरी आत्मा को
प्रभु के श्री-चरणों मे भेजो।
ताकि मैं भौतिक दुनिया को
भूलकर आत्मिक सुख पा सकूँ

और अपनी आत्मा को
परमात्मा के सम्मुख ला सकूँ।।

4. पता ही नहीं चला

पल-पल कर गुजरता समय,
कब दिन, महीना, साल में
बदल जाता है पता ही नहीं चलता।
आज का जन्मा बच्चा
कब एक साल का हो जाता है
पता ही नहीं चलता।
समय अविरल गति से
गुजरता जाता है
बच्चा माँ का दामन थाम
कब पाँच साल का हो जाता है
पता ही नहीं चलता।
मानो कल की बात हो,
भविष्य के सपने सँजोये
जब माँ शहर लेकर आई थी
माँ के छोड़कर जाने से
मन मे घोर उदासी छायी थी ।
उदास आंखें माँ को खोजती।
शहर में बच्चा रोता
गाँव में माँ रोती
फिर कब बड़े भैया उसके
सब कुछ हो गए
उसे पता ही नहीं चला।

फिर भैया ने नई राह दिखाई,
छोटी-बड़ी सभी बातें सिखाई ।
खट्टे- मीठे अनुभवों के साथ
कब बचपन बीता,
पता ही नहीं चला ।
कल का बच्चा, आज का नवयुवक
अपने उज्ज्वल भविष्य के लिये संघर्षरत।
फिर मेहनत रंग लाई
और अपने लक्ष्य को भेदने में
उसने कामयाबी पायी।
नई जिंदगी की नई राहों में,
पदोन्नति की नई हवाओं में
कब समय बीतता गया
पता ही नहीं चला।
अब तो समय पंख लगाकर उड़ने लगा
जीवन नई दिशा में मुड़ने लगा।
नयें लोग, नई जगह, नए अनुभव
सब मन को भाने लगा।
तन-मन में खुशियों का खुमार सा
छाने लगा।
फिर पहुंच गए अपनों के बीच
अपने शहर में।
और रहने लगे खुद अपने बनाये घर मे
हंसते-खेलते कब दस साल
बीतने को आ गए
पता ही नहीं चला।
फिर अचानक समय ने करवट बदली

और जिंदगी उल्टी दिशा में चल दी।
सेवा-निवृत्ति का हो रहा था इंतजार
लेकिन जीवन की सांसें
हो गईं तार-तार
देखते ही देखते खुशी
गम में बदल गई।
दशक पूरा होने से पहले ही
जिंदगी बेदखल हो गयी।
और कब साँसों ने उसका
साथ छोड़ दिया,
उसे पता ही नहीं चला
बस पता ही नहीं चला ।

5. बिटिया

एक लंबे अंतराल के बाद,
जब बिटिया के घर आने की खबर आई
तो सब के मन में अलग अलग विचारों की बदली छाई।
माँ सोचने लगी कि मेरी लापरवाही पर मुझ से भिड़ेगी,
पापा सोचे की घर आके क्या क्या काम करेगी?
तो वहीं छोटा भाई सोचे क्या इस बार भी मुझसे लड़ेगी।
और फिर बिटिया रानी घर आ गयी।
घर में एक अद्भुत उमंग सी छा गई।
घर की हालत पर माँ की लापरवाही झलक रही थी,
और माँ के लिए चिंता उसकी आंखो में झलक रही थी।
क्योंकि वह समझ रही थी कि इसका कारण क्या है,
और आगे चलकर इसका निवारण क्या है?
माँ के कमरे में दादी अपने बिस्तर पर कराह रही थी,
और माँ भी उसे कराहते हुए ही संभाल रही थी।
वह सोचने लगी, घर और माँ दोनों को ही मरम्मत की
जरूरत है,
बस सब कुछ ठीक करने की यही एक सूरत है।
इसके लिए उसकी समझ में बस यही एक युक्ति आई,
माँ के लिए डॉक्टर और घर के लिए एक ठेकेदार की
नियुक्ति कराई।
फिर बिटिया ने सुना दिया सबको अपना फरमान,
कल से घर में शुरू होगा सफाई अभियान।

फिर तो घर में सबकी आंखें खुलन लगी,
एक एक करके सबको डांट पड़ने लगी।
सबसे पहले पुराने सामान की शामत आई,
एक एक करके होने लगी उसकी विदाई।
अब रोज़ दिनभर कोरियर बॉय घर आने लगे,
और नित नया नया सामान लाने लगे।
छत से लेकर गेट तक घर का होने लगा जीर्णोद्धार,
शुरुआती दौर में काम चलने चलने लगा जोरदार।
फिर जैसे ही ठेकेदार काम से आंखें भींचे,
बिटिया रानी, तुरंत ही उसकी लगाम खींचे।
अब घर के रंगरोगन की बारी आई,
जिसमें उसने अपनी अद्भुत प्रतिभा दर्शाई।
धीरे धीरे होने लगा घर का कायाकल्प,
घर चमकने लगा जैसे हजार वाट का बल्ब।
इस बीच दोनों भाई बहनों में भी कई बार ठनी,
उनके झगड़े से हर बार हो जाती है माँ अनबनी।
लेकिन उनका झगड़ा पल में तोला पल में मासा,
इससे पापा का हो जाता है मनोरंजन अच्छा खासा।
अब बिटिया की मेहनत रंग ला रही है,
पूरे घर में उसकी सतरंगी प्रतिभा की फसल लहलहा रही
है।
उसका आत्मविश्वास उसकी आँखों में झलकता है,
और उसके हुनर का जलवा घर के कोने कोने से छलकता
है।
घर का आंगन भी सुंदर पौधों वाले गमले से महकने लगा
है,
घर के साथ साथ ही माँ का मन भी चहकने लगा है।

अपनी रचनात्मकता से उसने घर को नया ही स्वरूप दे
दिया,
बिल्कुल अपने जैसा ही एक सलोना सा रूप दे दिया।
अपना तन मन धन लगाकर,
अब बिटिया तैयार है अपनी कर्मस्थली जाने को,
आएगी फिर से हमें संभालने और सकारात्मक ऊर्जा
फैलाने।
मेरी बेटियां तो मेरी शान हैं , मान हैं,
मेरी नजरों से देखोगे तो वे हीरों की खान हैं।

6. माँ

ये भी कभी एक माँ थी

जो अपना चक्र पूरा करके

शनै शनै शैशव में जा रही है।

माँ का प्यार न्यौछावर कर,

अब बच्चों को प्यार पा रही है।

ये भी कभी एक माँ थी

निर्भय, दबंग स्वावलंबी,

पर आज है दुर्बल विकल्प परालम्बी।

अपनी आन बान शान के लिए थी मशहूर

हाँ थोड़ी सी थी मगरूर

पर इतनी नहीं जितनी आज हैं मजबूर।

ये भी कभी एक माँ थी ,बच्चों की कामयाबी पर फुदकती

पर आज है सब कुछ भूल कर बस सुबकती।

हे ईश्वर इन्हें नवजीवन की,

नव देह, नव लय दे।

प्रतीक्षा-रत किसी माँ को नव किसलय दे।

एक नया चक्र चले फिर अविरल,

फिर पाकर माँ का प्यार।

फिर माँ बनकर,

फिर बच्चों पर न्यौछावर।

7. महिला दिवस।

साल की तीन सौ पैंसठ दिन में,
सिर्फ एक दिन महिला दिवस,
वो भी उसकी सहमति के बिना।
ईश्वर ने दोनों को एक दूसरे का पूरक बनाया,
फिर ये भेदभाव कहाँ से आया?
कदाचित जब महिला, पहली बार माँ बनी,
तो महिला और पुरुष में पहली बार ठनी।
प्रसव पीड़ा और ममता ने
स्त्री को विवश कर दिया,
और पुरुष ने बड़ी चालाकी से उसे
स्व-वश कर दिया।
काम उसके और अधिकार
अपने नाम कर दिए,
आन मान शान अपने
और प्रतिकार उसके नाम कर दिए।
औरत को भुला दिया
उसका अस्तित्व,
बौना बना दिया
उसका व्यक्तित्व।
सदियों बाद
स्त्रीका स्वाभिमान जागा,

फिर उसने अपना खोया अधिकार मांगा।
पुरुष ने फिर महिला को
कुछ इस तरह टाल दिया
महिला दिवस का घेरा बनाकर
उसके गले में डाल दिया।
पर महिला को अपने लिए लड़ना भा गया है,
उसे अपना लाइसेंस
खुद बनाना आ गया है।
नारी से आरंभ, नारी से अंत होता हर दिन है,
फिर कोई एक महिला दिवस
यह कैसे मुमकिन है?
तो इस तथा कथित दिन महिलाओं का
पूर्ण अवकाश होना चाहिए,
काम का अधिकार भी इस दिन,
सिर्फ पुरुषों के पास होना चाहिए!
और जब कभी यह संभव हो जाएगा,
तब वह दिन, फिर महिला नहीं
पुरुष दिवस कहलाएगा।
क्योंकि, स्त्री से ही तो हर दिन शुरू
और अंत होता है,
पुरुष तो बस, महिलाओं और
आराम का रोना रोता है।

8. शीतकाल में स्नान

सर्दियों की सुबह उठकर नहाना,
मानो कयामत सी आ रही है।
मन को सिर्फ रजाई से मिली गर्माहट ही
जन्नत सी भा रही है।
फ़ोन पर सुबह छह बजे
अलार्म का बजना किसी जलजले से कम नहीं,
लेकिन मुझे रजाई से उठाकर बाथरूम में पटक दे,
इतना किसी में भी दम नहीं।
तो फिर अलार्म छह से साढ़े छह
और फिर सात हो गया।
और मेरा रजाई छोड़ने का समय प्रातः आठ हो गया।
चलो सुबह चाय पानी पीने तक ,
फिर भी मन धीर है,
लेकिन ये सोच सोच कर हो जाता अधीर है,
कि, उफ!इस ठंड में नहाना तो, टेढ़ी खीर है।
अब बिना स्नान के कार्यक्रम आगे कैसे बढ़े,
मंदिर में दिया बत्ती और सूर्य ,तुलसी को जल कैसे चढ़े।
तभी मुझे याद अपने बुजुर्गों की, यह सूक्ति आई,
पंच स्नानी महाज्ञानी
वाह क्या युक्ति सुझाई।
जल से भरा लोटा पैरों से लेकर सिर तक घुमाया,

थोड़ा सिर पर छिड़का, बाकी पैरों पर गिराया।
लो हो गया पंच स्नान,इससे नहीं होता ठंड का
नामोनिशान ।
यदि इससे मन ना माना , तो कटि स्नान कीजिए
और यह महान ज्ञान ठंड से ठिठुरते
और लोगों को भी दीजिए।
इस तरह सर्दियों थोड़ी सुगमता से कट जाएँगी,
और सुबह ठंड से नहाने की चिंता दिमाग से हट जाएगी।
अपने बुजुर्गों की इस सूक्ति की महत्ता
मेरे रोम रोम में समा गई है,
और यह युक्ति मेरे तन मन को भा गई है।
चलो ईश्वर का धन्यवाद की सर्दियां अब जा रही हैं,
और मेरी दिनचर्या भी पंच स्नान से पूर्ण स्नान पर आ
रही है।
अब सुबह का स्नान नहीं है कयामत,
क्योंकि अब तो सर्दी की ही आ गई है शामत।

9. नारी तू नारायणी

नारी तू नारायणी
फिर भी दर्जा नंबर दो,
अबकी महिला दिवस पर इस पर भी चर्चा हो।
नारी का हो एक दिन,
क्या है वो फ़रियादी?
क्यों, यह सब नहीं मानते वो है आधी आबादी।
महिला दिवस बना के क्यों उसको बहलाते?
बाकी के तीन सौ चौंसठ दिन क्या उसके बिन रह पाते?
महिला दिवस ना चाहिए, चाहिए यह व्यवहार,
यह महिला यह पुरुष है,
इससे कोई न हो सरोकार।
महिलाएं उसके लिए हैं, अनवरत् प्रयत्नशील
लेकिन उनकी मंजिल अभी,
है दूर हजारों मील।
थोड़ा बहुत समाज में परिवर्तन तो आया है,
पहली बिटिया का जन्मदिन तो कम से कम सब के मन
को भाया है।
अरे! फिर बिटिया हुई ?
चलो कोई बात नहीं,
बस इतना ही बदला ज़माना है,
अरे वाह! दूसरी भी बेटी हुई,
यह परिवर्तन लाना है।

अब महिलाएं मुखर हैं
इसलिए हैं पुरुष मूख,
लेकिन प्रथम स्थान पर रहने की,
उसकी बरकरार भूख।
बाहरी आडंबर नहीं,
चाहिए अंतर मन की स्वीकृति,
नर- नारी दोनों ही हैं ईश्वर की अनुपम कृति।
कोई कम ज्यादा नहीं, दोनों है एक समान,
जैसे एक शरीर है, तो दूजी है जान।
और जिस दिन हम सब मिलकर के,
सचमुच यह कर जाएंगे
तो लिंग भेद की बेड़ियों से,
अवश्यमेव ही तर जाएंगे।

10. स्वतंत्रता का अमृत महोत्सव

स्वतंत्रता के उत्सव की ये
अमृत बेला आई,
भारत की धरती पर देखो
अजब खुमारी छायी।
घर-घर में लहराए तिरंगा
हर घर बहार सी आई,
चारों ओर तिरंगों की तो
ज्यों बयार सी आई।
काफी उन्नति की है देश ने,
पर अभी बहुत कुछ बाकी है,
ये तो बदलावों की समझो
इक छोटी सी झांकी है।
असली उन्नति तब है जब कोई,
भूखे पेट न सोएगा,
चौराहों पर भीख माँगता
एक भी बच्चा न रोयेगा।
बरसातों में कोई गलियाँ
पानी से न भर पाएंगी।
और गर्मी में सभी नारियाँ
नल से जल भर पाएंगी।

रात्रि, दिवस या बियाबान हो,
बेटी निर्भय चल पाएगी,
अरु माँ की कोख में भी वो
खुशी-खुशी पल पाएगी।
सीमाओं पर लड़ते प्रहरी
सम्मान के अधिकारी हैं,
संसद में जो नेता लड़ें,
बेमतलब की मारामारी है।
उनको कोई ये समझाए,
आपस में ना व्यर्थ लड़ें
जोड़तोड़ की राजनीति से,
अपने घर में ना अर्थ भरें।
अब इंतज़ार उस अमृत उत्सव का
जो अवश्य ही आएगा,
स्वतंत्रता का अमृत महोत्सव
तभी पूर्ण हो पायेगा।

परिचय

गढ़वाल हिमालय की गोद में जन्मी और पली-बढ़ी श्रीमती स्वर्णलता डोभाल गढ़वाल विश्वविद्यालय से स्नातक हैं। अपने दैनिक घरेलू कार्यों से समय मिलने पर वे आम तौर पर अपने विचारों को शब्दों में अंकित करती रहती हैं । कविता लेखन के माध्यम से उन्होंने अपनी भावनाओं को व्यक्त किया है । अतीत में अपने जीवन के विभिन्न अनुभवों तथा विचारों के आधार पर दस कविताओं का एक यादगार संग्रह उनके द्वारा संकलित करने का यह एक छोटा सा प्रयास है।

www.ingramcontent.com/pod-product-compliance
Lightning Source LLC
Chambersburg PA
CBHW021330160726
47994CB00004B/1703